THÈSE

DE DROIT FRANÇAIS,

Qui sera soutenue dans la Salle des Cours de la Faculté de Droit de Paris, le samedi 7 Juillet 1810, à midi,

PAR J.-B.-H. BLONDEAU,

DOCTEUR EN DROIT ET PROFESSEUR-SUPPLÉANT DE LA FACULTÉ,

Candidat pour la Chaire de Droit Français, nouvellement créée dans ladite Faculté, et pour celle de Code Napoléon, vacante par le décès de M. PORTIEZ;

SUR LA MATIÈRE :

Du Dépôt, du Prêt, du Nantissement et de la Rente viagère. Cod. Nap. liv. 3. tit. 10. 11. 12 et 17.

1810.

TITRE PREMIER.

DU DÉPOT.

Observation préliminaire.

DANS tous les cas où une personne détient une chose sous
l'obligation de la restituer, de la transmettre, ou de la livrer à
une autre personne, on peut dire qu'il y a *dépôt* dans un sens
général, et l'on pourrait tracer quelques règles communes à tous
les cas qu'embrasse cette définition du dépôt (1); mais ce n'est
point-là la tâche qui nous est imposée, et nous n'avons à consi-
dérer, dans ce titre, que le cas où une personne détient une
chose mobilière, par la volonté d'une autre personne, sous l'o-
bligation, gratuitement contractée, de ~~conserver~~ cette chose
et de la rendre lorsque le déposant l'exigera.

Choses qui sont de l'essence du Contrat.

Le rapport légal qui existe entre les parties, dans le cas dont
nous venons de parler, se nomme *contrat de dépôt*.

Il résulte de la définition que le contrat est réel, qu'il est de
son essence que l'obligation du dépositaire soit gratuite, et que
la chose déposée soit mobiliaire; il faut encore que cette chose
soit considérée comme un corps certain; car si l'on donne de
l'argent à charge seulement de restituer pareille somme, ce
n'est plus un dépôt, parce que le dépôt est fait à la charge de
~~conserver~~ la chose déposée, et de la rendre en nature.

Nous disons que le contrat est réel, qu'il doit avoir pour
objet des choses mobilières; cela ne signifie pas que l'obligation
de recevoir à titre de dépôt ne puisse être valablement con-

---

(1) Voyez le titre qui indique les caractères propres aux diverses espèces de
droits et obligations élémentaires ; C. N. liv. 3. tit. 3 ch. 4.

I

tractée, et qu'on ne puisse donner en garde des immeubles ; mais on ne pourra aucunement dans le premier cas , et l'on ne pourra pas sans examen dans le second , adopter pour règles de l'engagement , celles qu'on trouve au titre *du dépôt*.

Le dépôt est censé fait exclusivement dans l'intérêt du déposant ; si les parties se proposaient un autre but que de conserver la chose à celui qui la dépose, ce ne serait plus un véritable dépôt, mais un autre contrat.

Lorsqu'il y a un salaire stipulé, le contrat est une espèce de louage d'ouvrage.

Le dépôt est soumis à quelques règles particulières, suivant que la remise de la chose a été faite avec toute la liberté de choix qu'il était possible de desirer , ou suivant qu'elle a été au contraire nécessitée par des circonstances plus ou moins impérieuses.

Au premier cas, le dépôt s'appelle dépôt *volontaire* , et dans le second il se nomme dépôt *nécessaire*.

Les mots *nécessaire* et *volontaire* sont peut-être mal choisis pour exprimer la distinction dont nous venons de parler ; on pourrait croire que le dépôt *nécessaire* est celui où le dépositaire se trouve obligé sans y avoir consenti ; par exemple , lorsqu'une personne dépose une chose dans la demeure d'une autre personne à l'insu de celle-ci , en laissant un écrit pour l'avertir que la chose lui est confiée à titre de dépôt.

Les règles que nous allons indiquer s'appliquent principalement au dépôt volontaire.

Formes et preuves de l'engagement.

La volonté des parties doit être exprimée par écrit, lorsque la valeur de la chose déposée excède 150 francs.

A défaut d'écrit , celui qui est attaqué comme dépositaire en sera cru sur sa déclaration , soit pour le fait même du dépôt , soit pour la chose qui en fait l'objet, soit pour le fait de la restitution.

Dispositions interprétatives.

Comme le dépositaire ne reçoit point de salaire, on doit croire qu'il n'a point entendu s'imposer une exactitude plus grande que celle qu'il apporte ordinairement dans la garde de ses propres choses ; cependant cette supposition cesse lorsque le dépositaire s'est offert lui-même pour recevoir le dépôt et a demandé à être préféré à d'autres ; et dans ce cas, plusieurs règles ci-après ne sont point applicables.

La clause que le dépositaire répondra de toute espèce de faute, est une clause accidentelle au contrat.

Le dépositaire ne peut se servir de la chose déposée ; il ne doit point chercher à connaître les choses qui lui ont été confiées.

Si la chose produit des fruits que l'on puisse conserver, il devra à leur égard les mêmes soins qu'à l'égard de la chose principale ; si les fruits ne peuvent se conserver, il doit les vendre et deviendra comptable du prix.

Il doit restituer la chose à celui qui a fait le dépôt, si le dépôt a été fait au nom de celui-ci, ou bien à celui au nom de qui il a été fait, lorsque le dépôt a été fait au nom d'un autre, (sauf le cas de choses volées).

Cette règle reçoit exception lorsque le déposant se trouve être une personne incapable.

Le dépositaire doit remettre le dépôt aussitôt que le déposant le réclame, à moins qu'il n'y ait une saisie-arrêt.

Il ne peut exiger la preuve que celui qui a fait le dépôt était propriétaire de la chose.

S'il a lieu de croire que la chose a été volée, il doit dénoncer le dépôt au propriétaire présumé, avec sommation de le retirer dans un certain délai.

Le dépôt doit être restitué au lieu désigné par le contrat ; à défaut de convention, au lieu où le dépôt a été fait.

Les frais de transport sont à la charge du déposant.

Le dépositaire doit être indemnisé des dépenses qu'il a faites pour la conservation de la chose, et des pertes que le dépôt a pu lui occasionner.

Il peut retenir la chose jusqu'à parfaite indemnité.

Evénemens et Pertes.

Le dépositaire n'est pas tenu des accidens de force majeure, à moins qu'il n'ait été mis en demeure de restituer la chose ; il ne répond que des pertes ou détériorations survenues parce qu'il n'a point donné à la chose déposée les mêmes soins qu'à ses choses propres. Il répond du dommage causé par ses domestiques, ou ses enfans, ou autres personnes indiquées dans l'article 1384, seulement en vertu de la règle générale portée dans cet article.

Toutes les obligations du déposant cessent s'il vient à prouver qu'il est lui-même propriétaire de la chose déposée.

En cas de mort du dépositaire, les obligations passent à ses héritiers ; cependant, si l'héritier a vendu de bonne-foi la chose déposée, il n'est tenu que de rendre le prix qu'il a reçu, ou de céder son action à fin de paiement du prix.

En cas de mort naturelle ou civile du déposant (c'est-à-dire de la personne au nom de laquelle le dépôt a été fait), s'il se trouve plusieurs héritiers, voici les règles qu'on doit suivre pour la restitution de la chose :

1°. Lorsque chose déposée est susceptible de parties homogènes et qui peuvent correspondre aux différentes parts de l'hérédité, elle doit être rendue à chacun pour sa part et portion.

2°. Dans le cas contraire, il faut que les héritiers s'accordent pour la recevoir.

Le dépositaire infidèle n'est pas admis au bénéfice de cession.

Des contrats auxquels on a donné le nom de dépôt, mais qui s'éloignent un peu du dépôt, tel que nous venons de l'expliquer.

Le premier de ces contrats est celui que nous avons appelé dépôt nécessaire.

(5)

» Il peut être prouvé par témoins.

Le dépositaire est soumis à la contrainte par corps.

Sauf les règles qui précèdent, et les conséquences qui dérivent du motif qui a dicté ces règles, les dispositions relatives au dépôt ordinaire sont applicables au dépôt nécessaire.

Le Dépôt fait par les voyageurs, chez les aubergistes, des effets qu'ils portent avec eux, est regardé comme dépôt nécessaire. Mais les aubergistes, étant payés, ont des obligations plus étendues que celles de simples dépositaires. Ils répondent du vol fait, non-seulement par leurs domestiques ou préposés, mais encore par les personnes allant et venant librement dans l'hôtellerie. On peut dire qu'il y a, dans ce cas, plutôt Contrat de louage, que Contrat de dépôt. Voyez Cod. Nap. art. 1782 et suiv.

OBSERVATION.

Le code ne dit rien de la garde des immeubles, ni du contrat dans lequel on prend soin, moyennant un salaire, des choses meubles ou immeubles. Ces contrats ont quelques rapports avec le séquestre, dont nous allons parler.

TITRE II.

DU SÉQUESTRE.

Il ne s'agit plus ici du cas où un individu confie une chose à un autre individu, par la seule raison que son intérêt l'y engage, et sous la condition que la chose lui sera rendue quand il l'exigera ; il s'agit du cas où deux ou plusieurs personnes prétendant des droits opposés sur une chose, cette chose est remise à un tiers pour la conserver dans l'interêt de celui à qui, en définitif, elle pourra être attribuée.

Comme ce tiers n'est pas présumé avoir de la bienveillance pour toutes les parties intéressées, le séquestre n'est pas essentiellement gratuit.

Il peut avoir pour objet des immeubles aussi bien que des meubles.

Il peut être établi par la justice ou par la volonté des parties intéressées.

Une règle commune à toute espèce de séquestre, c'est que le séquestre ne peut être déchargé que par un jugement ou par le consentement de toutes les parties intéressées; à moins que l'acte par lequel il a été établi n'indique expressément ou implicitement d'autres causes.

Lorsque le séquestre est gratuit et a pour objet des choses mobilières, les obligations qui en résultent sont les mêmes que celles du dépôt, sauf ce qui serait incompatible avec la règle ci-dessus.

Lorsque le séquestre n'est pas gratuit, les obligations pour la garde de la chose sont plus étendues, il doit les soins d'un bon père de famille.

Dans le cas de saisie, le gardien judiciaire peut exiger son salaire du saisissant.

TITRE III.

DU COMMODAT.

On appelle *commodat* ou *prêt à usage*, le contrat qui se forme entre deux personnes, lorsque l'une d'elles a livré gratuitement à l'autre une chose pour s'en servir pendant un tems déterminé, ou dans un certain but, sous l'obligation de la restituer après le tems convenu, ou après qu'elle aura servi à l'usage pour lequel elle a été empruntée.

Choses de l'essence du Contrat.

Il résulte de cette définition : 1°. que le contrat est réel; la simple obligation de prêter serait valable, mais ne s'appellerait point *commodat*.

2°. Qu'il est gratuit; s'il y avait un prix, ce serait une d'usufruit temporaire, ou bien un louage.

3°. Il faut que le prêteur ne puisse pas retirer la chose à sa volonté, sinon le contrat serait ce qu'on appelle le *précaire*, ce ne serait plus le *commodat*.

Le contrat est censé fait pour l'intérêt exclusif du commo-dataire.

Il peut avoir pour objet des meubles ou des immeubles.

Il est évident qu'il ne peut avoir pour objet que des choses réputées non fongibles, ou du moins considérées comme telles par rapport à l'usage que l'emprunteur doit en faire; sinon le contrat serait un prêt de consommation.

Dispositions interprétatives.

L'emprunteur est tenu de veiller en bon père de famille à la conservation de la chose. Il peut répéter les dépenses qu'il aura pu faire à cet effet; mais lorsque les circonstances le permettent, il doit avertir le prêteur avant de commencer les travaux.

Si la chose se détériore par le seul effet de l'usage pour lequel elle a été empruntée, l'emprunteur n'est pas tenu de la détérioration; mais aussi, s'il fait quelque dépense, non pour con-server la chose, mais pour en user, il ne peut pas la répéter.

Le prêteur ne peut pas retirer la chose avant l'époque où le prêt doit cesser; néanmoins si, avant cette époque, il lui survient un besoin pressant et imprévu de la chose, le juge peut, suivant les circonstances, obliger l'emprunteur à la lui rendre.

Événemens divers.

Si la chose prêtée vient à périr, elle périt pour l'emprunteur lorsqu'il ne l'a pas rendue à l'époque convenue; elle périt encore pour lui toutes les fois que la perte aurait pu ne pas arriver s'il n'avait pas été en faute, ou lorsqu'il aurait pu sauver la chose prêtée, en employant ou en sacrifiant sa propre chose.

Si l'emprunteur éprouve quelques dommages par suite des défauts de la chose prêtée, le prêteur en est responsable s'il connaissait ces défauts et n'en a pas averti l'emprunteur.

En règle générale, les engagemens qui naissent du commodat passent aux héritiers.

Clauses accidentelles au contrat.

Le prêt peut être fait en faveur de l'emprunteur seul, de manière que ses héritiers ne puissent pas en profiter.

La chose peut être mise aux risques de l'emprunteur; l'intention de la mettre à ses risques est présumée lorsqu'on en a fait l'estimation avant de la livrer.

TITRE IV.

DE L'ANTICHRÈSE.

On appelle *antichrèse* le contrat qui s'établit entre deux individus, dont l'un est créancier de l'autre, lorsque ce dernier livre au premier un immeuble pour que celui-ci en jouisse, à charge d'imputer la valeur des revenus, 1°. sur les intérêts de la créance, si elle en produit; 2°. sur le capital.

Ce contrat est réel; il est accessoire, il n'a pour but que de donner au créancier les moyens de se payer de ses propres mains sur les produits de l'immeuble.

Formes de la convention.

Le détenteur doit prouver par écrit qu'il détient à titre d'antichrèse, quand même l'immeuble vaudrait moins de 150 fr.

Dispositions interprétatives.

En règle générale, le débiteur ne peut, avant l'entier acquittement de la dette, réclamer la jouissance de l'immeuble.

Le créancier doit veiller à la conservation de la chose en bon père de famille.

Il est tenu de faire les dépenses nécessaires pour la conservation et même pour l'entretien de l'immeuble ; il est tenu aussi du paiement des contributions et autres charges annuelles de l'immeuble, sauf à prélever sur les fruits toutes les dépenses relatives à ces divers objets.

Le créancier peut se décharger de ces obligations, en déclarant au débiteur qu'il abandonne la jouissance de l'immeuble, et en l'abandonnant en effet.

Clauses accidentelles.

Pour éviter les difficultés d'une estimation, les parties peuvent stipuler que les fruits se compenseront avec les intérêts, de manière à les éteindre totalement, ou jusqu'à certaine concurrence.

Telle est la disposition du Code civil, mais on peut croire qu'elle souffre quelqu'exception, en vertu de la loi qui a limité le taux des intérêts.

Un créancier ne peut pas stipuler qu'à défaut de paiement à une certaine époque, il deviendra propriétaire de l'immeuble qu'il reçoit à titre d'antichrèse. Le contrat d'antichrèse n'emporte pas même le droit d'hypothèque ; mais rien n'empêche que ce droit n'appartienne d'ailleurs au créancier.

TITRE V.

DU GAGE

Le gage proprement dit est un contrat qui se forme lorsqu'une personne livre à une autre une chose mobilière pour sûreté d'une dette.

Le législateur suppose qu'en se servant du mot *gage*, les

parties ont entendu, non-seulement que le créancier aurait la détention de la chose jusqu'à l'acquittement de la dette, mais encore qu'il pourrait acquérir privilége sur cette chose, et qu'à défaut de paiement il pourrait, non-seulement faire vendre la chose aux enchères, mais encore faire déclarer qu'elle lui est acquise jusqu'à due concurrence.

Choses de l'essence ou de la nature du contrat.

Le contrat de gage est réel et accessoire.

Il est de la nature du contrat que le gage soit fourni par le débiteur lui-même; lorsqu'un tiers livre une chose pour sûreté d'une dette qui lui est étrangère, c'est un contrat particulier beaucoup plus compliqué que le gage, ce n'est pas le gage proprement dit.

Il est de l'essence du contrat que la chose engagée soit un meuble, et que le créancier ait à la rendre en nature après le paiement de la dette.

De la source du contrat.

Lorsqu'aucun écrit ne constate qu'une chose ait été remise à titre de gage, et que ce fait ne peut être prouvé par témoins, attendu que la valeur de la chose excède 150 fr., le créancier détenteur de la chose en est cru sur sa déclaration; et s'il reconnaît posséder à titre de gage, le contrat existe entre les parties, quoiqu'il n'y ait aucun écrit.

Mais à l'égard des tiers, le créancier, qui est prouvé ou qui reconnaît avoir la chose du débiteur, ne peut réclamer les avantages du contrat de gage, hors le cas où la chose n'excède pas 150 fr., qu'en justifiant d'un acte authentique, ou d'un acte sous seing-privé dûment enregistré et contenant les énonciations prescrites dans l'art. 2074.

Dispositions interprétatives.

Comme le contrat de gage est dans l'intérêt des deux parties, le détenteur de la chose doit les soins d'un bon père de famille; cependant on doit être moins sévère que dans le cas du commodat.

Le créancier ne peut user de la chose : on doit lui tenir compte des dépenses qu'il a faites pour sa conservation.

Le débiteur ne peut réclamer la restitution de la chose que lorsque la dette est entièrement acquittée. De plus, s'il existe, au moment où la première dette s'éteint, une seconde dette exigible et contractée pendant la mise en gage, le créancier ne sera pas tenu de se dessaisir de la chose avant l'acquittement de cette seconde dette.

La chose mise en gage peut être réclamée si le créancier en abuse, c'est-à-dire s'il excède les pouvoirs que la convention lui donne à l'égard de cette chose.

Événemens divers.

L'un des héritiers du débiteur ne peut, en payant sa portion de la dette, demander la restitution de sa portion dans le gage, encore que la chose soit divisible.

Réciproquement, l'un des héritiers du créancier ne peut remettre le gage au préjudice des autres héritiers qui ne sont pas payés.

Clauses accidentelles.

On peut stipuler que le créancier aura droit de se servir du gage; on ne peut pas stipuler qu'à défaut de paiement le créancier pourra en disposer, sans remplir les formalités prescrites par la loi.

Contrats auxquels on a supposé quelques rapports avec le contrat de gage.

Le premier de ces contrats est celui dont nous avons déjà parlé, dans lequel un individu étranger à une dette, donne cependant un gage pour sûreté de cette dette;

Le second est celui qui a lieu lorsqu'une chose destinée à garantir une dette, est remise dans les mains d'une tierce personne.

Un autre contrat qui ressemble bien moins encore au gage proprement dit que les précédens, c'est celui qui a lieu lorsqu'une personne engage à son créancier une créance.

Observation générale.

Les règles qui précèdent ne concernent que les simples particuliers. Elles ne sont pas établies pour le commerce, ni pour les maisons de prêt.

TITRE VI.

DU PRÊT DE CONSOMMATION.

Le prêt de consommation est le contrat qui s'établit lorsqu'une personne reçoit d'une autre personne une chose fongible avec pouvoir de la consommer, à charge cependant de remettre une quantité égale de choses de même nature et de même qualité.

On voit que ce contrat est encore réel; l'emprunteur devient propriétaire de la chose prêtée.

Lorsqu'il s'agit de choses qui appartiennent à un genre dont les individus diffèrent considérablement les uns des autres, il n'est guère possible qu'elles soient l'objet du prêt de consommation.

Dispositions interprétatives.

L'emprunteur doit rendre la chose à l'époque convenue, en même quantité, espèce et qual té.

S'il n'a pas été fixé de terme, le juge accorde un délai suivant les circonstances.

Si le prêt a été fait en monnaies courantes on ne doit rendre que la somme numérique énoncée au contrat. Il en est autrement quand le prêt a été fait en lingots.

Quoique le prêt soit un contrat unilatéral , cependant il peut se faire que le prêteur ait quelques obligations ; c'est lorsqu'il a prêté des choses vicieuses et dont il connaissait le vice.

Si le prêteur ne rend pas les choses prêtées au terme convenu, il en doit l'intérêt du jour de la demande en justice.

Lorsqu'il est devenu impossible de rendre les choses en même espèce, qualité et quantité ; le prêteur doit en rendre la valeur eu égard au lieu et à l'époque où la chose devait être rendue, s'il y a convention sur ce point; et s'il n'y a pas de convention, eu égard, au tems et au lieu où la chose a été prêtée.

Si l'on a payé des intérêts pour un prêt qui avait été fait gratuitement (sans pouvoir justifier d'une erreur dont le prêteur ait profité de mauvaise foi), on ne peut ni les répéter ni les imputer sur le capital.

TITRE VII.

DU PRÊT A INTÉRÊT.

Ce contrat ne diffère du précédent qu'en ce que la tradition faite par le prêteur n'est pas gratuite; elle a pour cause les intérêts qui doivent lui être payés par l'emprunteur.

Les intérêts sont, en général, une prestation périodique à laquelle l'emprunteur est obligé, indépendamment de l'obligation de restituer la chose prêtée.

On ne peut stipuler des intérêts qui excèdent le taux déterminé par la loi.

La quittance du capital, donnée sans réserve des intérêts, en fait présumer le paiement.

TITRE VIII.

DES RENTES PERPÉTUELLES.

Le contrat de rente consiste en ce qu'une personne peut

exiger de l'autre une redevance ou prestation annuelle ; cette redevance est considérée comme l'intérêt d'un capital non exigible, et dont le débiteur est saisi ou est censé saisi.

La rente peut être constituée à titre gratuit ; ou bien pour prix ou condition de la cession d'un immeuble ; ou bien moyennant une somme d'argent comptée à celui qui doit payer la rente ; ou bien encore moyennant la tradition de toute autre espèce de chose mobilière, ou la cession d'un avantage quelconque.

Quelle que soit l'origine de la rente perpétuelle, elle est essentiellement rachetable, c'est-à-dire que le débiteur peut s'en affranchir en offrant le capital que la rente représente.

Cependant, il est permis de convenir que le rachat ne pourra pas être fait avant un délai fixé, lequel ne pourra excéder trente ans, si la rente est constituée pour prix de la vente ou cession d'un immeuble, et dix ans dans tout autre cas.

On peut, en outre, régler les clauses et les conditions du rachat, pourvu qu'elles ne tendent pas à rendre illusoire la prohibition ci-dessus.

Le débiteur d'une rente perpétuelle peut être contraint au rachat :

1°. S'il cesse de remplir ses obligations pendant deux années ;

2°. S'il manque de fournir au prêteur les sûretés promises par le contrat.

Le capital devient encore exigible en cas de faillite.

Si les immeubles hypothéqués sont devenus insuffisans pour la sûreté du créancier, le débiteur pourra être contraint au remboursement, à moins qu'il ne fournisse un supplément d'hypothèque.

TITRE IX.

DES RENTES VIAGÈRES.

La rente s'appelle viagère, lorsque la prestation périodique doit cesser après la mort d'une ou de plusieurs personnes déterminées.

Ce contrat est unilatéral et aléatoire.

La rente viagère peut être constituée à titre gratuit, ou bien moyennant une somme d'argent, ou pour prix d'un meuble ou d'un immeuble. Lorsqu'elle est constituée à titre gratuit, elle doit être revêtue des formes requises pour les dispositions gratuites. Il y a exception à cette règle dans le cas de l'art. 1973.

La rente viagère peut être constituée sur la tête de celui qui en fournit le prix, ou en général sur la tête de celui qui doit en jouir, ou bien elle peut être constituée sur la tête d'un tiers. Elle peut être constituée sur plusieurs têtes à la fois.

Le contrat est nul, pour cause d'erreur présumée, lorsque la personne sur la tête de laquelle on avait constitué la rente, était déjà morte au moment du contrat.

Le Code déclare encore nulle la rente constituée sur la tête d'une personne qui était, au moment du contrat, atteinte d'une maladie dont elle est morte dans les 20 jours.

La rente viagère peut être constituée au taux qu'il plaît aux parties contractantes de déterminer.

Dispositions interprétatives.

Celui au profit de qui la rente viagère a été constituée moyennant un prix, peut demander la résolution du contrat, si on ne lui donne pas les sûretés stipulées.

Le seul défaut de paiement des arrérages n'autorise point à demander le remboursement du capital; on peut seulement

poursuivre la vente des biens, et faire consentir ou ordonner ;
sur le produit de la vente, l'emploi d'une somme estimée
suffisante pour le service de la rente.

Le débiteur de la rente viagère ne peut pas s'en libérer en
offrant le remboursement.

En règle générale, la rente viagère est acquise jour par jour.

Le propriétaire d'une rente viagère ne peut en demander les
arrérages, sans justifier de l'existence de la personne sur la tête
de qui la rente est constituée.

La rente viagère ne s'éteint pas par la mort civile de cette
personne.

Clause accidentelle.

La rente viagère peut être stipulée insaisissable ; mais seulement lorsqu'elle est constituée à titre gratuit.

(19)

JUGES DU CONCOURS:

M. DE NOUGARÈDE, Baron de Fayet, Conseiller titulaire de l'Université impériale, président du concours;

M. Perreau, Inspecteur général de l'Université impériale;

M. Delvincourt, Doyen de la Faculté, chargé de diriger l'argumentation ;

MM. { Berthelot, Morand, Pigeau, } Professeurs.

De l'Imprimerie de Ballard , Imprimeur de la Faculté de Droit de Paris, rue J.-J. Rousseau, nº. 8.